AF288374

Von der Seele Geschriebenes

Michael Bergmann
Mensch
Jahrgang 1972

www.michaelbergmann.de

Michael Bergmann

Von der Seele Geschriebenes

Aphoristisches zum Nachdenken
und Verschenken

Bibliografische Information der Deutschen Nationalbibliothek
Die Deutsche Nationalbibliothek verzeichnet diese Publikation in der Deutschen Nationalbibliografie; detaillierte bibliografische Daten sind im Internet über http://dnb.d-nb.de abrufbar.

BoD
Books on Demand GmbH
Originalausgabe
2. Auflage

ISBN 9783842353220

(c) 2011 Michael Bergmann

Coverfoto fotografiert von Michael Bergmann.

Umschlaggestaltung, Herstellung und Verlag
Books on Demand GmbH, Norderstedt

Printed in Germany
Alle Rechte vorbehalten

Vorwort

Wir haben Samstag im Januar 2011, und ich habe mir für heute vorgenommen, endlich meine angesammelten Notizen mit Gedankensplittern der letzten Jahre in Struktur zu bringen, um diese nun endlich in Buchform zu veröffentlichen.

Es sind meine Gedanken und Gefühle zu unserer Zeit, der Welt und dem Leben an sich, die ich mir hiermit von der Seele schreibe.

Ich will sie zum Vorschein bringen, damit sie zur Geltung und zur Wirkung kommen können.

Über einen Austausch sowie Anregungen zu den Inhalten würde ich mich per E-Mail freuen: email@michaelbergmann.de.

Herzlichst, Ihr Michael Bergmann

• • •

Geblieben

Getrieben von
Erwartungen
und Ansprüchen,

Zerrieben von
Ängste und Sorgen,

Vertrieben von
Macht und Gier,

und doch am
Leben geblieben,

wie hier
beschrieben.

Bunte Vögel und Schubladen

Es war einmal ein bunter Vogel,

der vor dem Schrank des Lebens

stand und verzweifelt war.

Er passte in keine der Schubladen,

auf denen jeweils nur eine Farbe stand,

und an deren Ende aber das Futter war.

Nun musste er sich entscheiden, ob er

verhungern oder sich alle Federn

bis auf die einer Farbe ausreißen sollte.

• • •

Der gerade Weg

Diejenigen die der Ansicht

sind, das Leben wäre ein

ordentlicher weil gerader Weg,

die scheuen auch meist

nicht davor zurück,

diesen Weg mit der

Dampfwalze zu ebnen.

Lebe ich?

Lebe ich?

Lebe ich mich?

Lebt wer mich?

Verlebe ich das Leben?

Muss ich was erleben?

Statt zu leben?

Wie erlebe ich mich?

Lebe ich mich selbst?

Lebe ich mein Selbst?

Wann lebe ich … mich?!

• • •

Freie Platzwahl

Die Platzangabe auf dem Ticket

meines Lebens wurde

geschwärzt und überklebt.

Ich selbst habe es danach auch

mehrfach selbst überklebt.

Nun gilt es, alle Etiketten

abzumachen und die eigentliche

Information wieder lesbar zu machen.

Genügend

Anerkennung und

Aufmerksamkeit

braucht man

nicht anderen

wegzunehmen,

um sie selbst

zu bekommen.

Trauen

Zu-trauen

ist das

sich-trauen,

wenn man durch

Vertrautheit

genug

Vertrauen

gesammelt hat.

• • •

Die Sache mit dem Sinn

Da die Vernunft ständig propagiert,

dass ihre Entscheidungen und

Sichtweisen die einzigen sind,

die Sinn machen,

hat sich die Sinn suchende Seele

viel zu lange in Sicherheit gewähnt,

es würde sich schon jemand um den

Sinn kümmern.

• • •

Schablonenmenschen

Die Schablonen (als Bilder der Rollen und
Funktionen) eines Menschen sind heilig.
Sie geben den Schablonenmachern
Macht und Kontrolle.
Für die Einpassung in und Weitergabe
von Schablonen gibt es
Lob und Anerkennung.

Einige Menschen können sich aber nicht
in die Schablone einpassen, weil sie beim
Anlegen schon zu eng ist.

Sie müssten Teile von sich aufgeben und
abschneiden, um hineinzupassen.
Ihnen drückt die Schablone, sie
haben Druckschmerzen und
Sehnsucht nach Freiheit.

Und nicht nur nach einer
größeren Schablone.

● ● ●

Spiegelbildliches

Spiegel dessen Bilder dem
Betrachter nicht gefallen,
werden nicht etwa als Helfer der
Selbsterkenntnis geschätzt,
sondern gerne abgehängt,
zerschlagen oder weggegeben.

● ● ●

Freundschaft

In der gleichen Herde durchs
Leben getrieben worden zu sein,
ist doch nicht gleich Freundschaft.

Freund ist der der einem treu
bleibt, wenn man als Ausreißer
dem Herdentrieb gefährlich wird.

Zuviel gegeben

ab-gegeben

weiter-gegeben

nach-gegeben

ver-geben

nie an-gegeben

nie auf-gegeben

aber eben auch um-geben

von Menschen,
die das ausnutzten.

● ● ●

Preis

Nicht nur am Geld
wird oft genug
um jeden Preis
gespart.

Lebensschule

Als freies Schulkind in der
Schule des Lebens sitzt es
meistens zwischen lauter

Erwartungserfüllern,

Sinnstifter,

Arbeitsmitteln,

Verantwortungsträgern,

Sündenböcken und

Zweckdienern,

die das selbst
gar nicht merken.

● ● ●

Lebenszug

Immer wenn der
eigene Lebenszug
nicht in die für andere
richtige Richtung fährt:

Erst wollen sie Dich in
ihrem Zug mitnehmen...

Dann versuchen sie, ihre Lok
vor Deine Wagons zu hängen...

Danach stellen Sie die Weichen
für meinen Lebenszug um...

Am Ende versuchen Sie ihn,
entgleisen zu lassen...

und schließlich bieten
sie wieder an, mich in
ihrem Zug mitzunehmen.

● ● ●

Perfekte Welt

Eine perfekte Welt ist es
wohl dann, wenn sie für
alle Menschen-gerecht ist.

Dann perfekt, mehr als perfekt
wenn sie unperfekt menschlich ist.

Inzahlungnahme

Um sich alle Wünsche
erfüllen zu können,

muss man leider zu oft seine
Träume dafür in Zahlung geben.

Verhältnisse

Man lindert die Symptome,
man versteckt die Gestrandeten,
man erhöht die Strafmaße,

nur damit die Verhältnisse nicht
geändert werden müssen.

● ● ●

Kinder

Kindheit ist nicht der Wegestart, um
ein Remake der Eltern zu werden

Kinder er-ziehen heißt leider
viel zu oft, sich Kopien heran-ziehen.

Kinder sich ent-wickeln zu lassen heißt,
ihre eigene Persönlichkeit aus dem
Geschenk des Lebens auszuwickeln.

Kindheit ist also der Beginn davon,
sie nicht ins eigene Leben zu führen,
sondern in das ihre.

● ● ●

Wahrheit

Bei erneuter Betrachtung entpuppen
sich allgemeingültige Wahrheiten
oft als Wahrnehmungen, die durch die
Brille der Erwartung mit Gläsern der
Erfahrung begutachtet wurden.

Daher ist es oft besser, ein
Wahrheits*anbieter* als ein
Wahrheits*überstülper* zu sein.

Lebensgestaltung

Der Mensch ist nicht zum Stutzen,
Formen und Gestalten gemacht,

sondern zum erkannt werden,
geliebt werden, angenommen werden.

Es gibt daher zweierlei Menschen.
Die einen leben ein gestaltetes, und
die anderen ein verunstaltetes Leben.

Wartezimmer

Das Leben ist zu oft nur das
Wartezimmer von Dr. Tod.

Doch wer will darin still
herumsitzen, um darauf
zu warten, endlich an
die Reihe zu kommen?

• • •

Haben

Guckt mal her

...was ich habe
...wen ich kenne
...was ich errungen habe
…was ich weiß

Machthaber,
Vermögenshaber,
Rechthaber?

Wir wollen zu oft mehr
haben und behalten
als nötig wäre.

● ● ●

Geldautomat

Man muss nur herausfinden,

wie man vorgehen muss,

damit Geld rauskommt.

Für mich ist das Leben kein

(beziehungsweise mehr

als ein) Geldautomat.

• • •

Spirale der Ablehnung

Wer Angst hat vor Ablehnung,
versucht das durch die
Ablehnung anderer
abzuwehren,

… um sich von deren
Reaktion dann
abgelehnt zu
fühlen.

Zeit zum Nachdenken

Wir kaufen ohne Bedarf,
Essen ohne Hunger,
Schreiben ohne Interesse,
Sprechen ohne Gehalt.

Da fehlt die Zeit
zum Nachdenken.

Zufall

Einfälle sind Zu-Fälle,
die ich gar nicht schnell
genug einsammeln kann.

Zu-Fall ist wenn das Leben
mir etwas zugeworfen hat.

● ● ●

Normalität

Normalität ist keine Antwort
auf die individuellen
Fragen des Lebens,
sondern bestenfalls eine
durchschnittliche Ausrede.

• • •

Buchstabensuppe

Die Welt ist wie eine
Buchstabensuppe.

Alles was es gibt ist drin,
und man muss etwas für sich
passendes herausfischen.

Und wenn es doch nicht das
passende ist, rührt man es
einfach wieder unter.

Kaltes Herz

Nur wenn man
seinem Herzen
nicht folgen kann,
dann erkaltet es.

Daher lasse ich
es lieber für
etwas brennen.

Erinnern

Er-innern

ist das

Er-wecken

des Inneren.

Geburtstag feiern

Nicht weil man immer
mehr wird wie alle,

auch nicht weil man
eher tot sein wird,

sondern weil man da
ist, um anders zu sein.

• • •

Sichtweisen

Es gibt die Wahrheit an sich nicht.
Es gibt lediglich Sichtweisen, die
man für so wahr und korrekt hält,
dass man sie akzeptiert
oder erreichen will.

Gibt es mehr als eine klare
SICHTweise,
wird die jeweils wahre von den
SichtWEISEN
verteidigt und gestärkt, auf dass
die anderen Sichtweisen wieder
verschwinden, und endlich wieder
Wahrheit und Klarheit herrscht.

Der Weg

Wenn man nach vielen Irrwegen
endlich seinen eigen(tlich)en gefunden hat
den zu gehen man vorgesehen war,
dann kommen einem die vorherigen
Wege wie Zeitverschwendung vor.

Allerdings waren diese nötig, denn
in einem unbekannten Gebiet ohne
Landkarte bleibt einem nur, einen nach
dem anderen auszuprobieren.

Es gibt keine Abkürzungen und
Schleichwege, wenn man die
Richtung zum Ziel nicht kennt.

● ● ●

Vernunftfrage

Sollte ich eigentlich

lieber vernünftiger fühlen

oder gefühlvoller denken?

Geschieden

Entschieden verschieden?

Entschieden zu scheiden?

Entschieden geschieden!

Fremd

Lieber bin ich

weltfremd

als mir selbst

wildfremd.

Gastlichkeit

Wir alle sind zu Gast auf dieser Welt,
aber nicht nur Gast in unserem Leben.

Die Erde sollten wir so pflegen,
dass auch andere darin noch
Gast sein können,

unser Leben sollten wir so gestalten,
das es nicht ungenutzter Raum ist,
der nach der Abreise verloren ist.

● ● ●

Zuviel

Mein Leben in der

Zivilisation

kommt mir zu oft vor wie

ein Leben in der

„ZUVIELisation".

Das Erbe der Angst

Sie zeigten mir den für sie richtigen Weg.
Sie sagten, es gäbe keinen anderen
Weg durch das Leben.
Sie beurteilten mich als falsch, wenn ich abwich.
Sie sagten 'sei wachsam und vorsichtig'.
Sie sagten auch 'verstecke Deine Angst'.
Sie beurteilten mich als falsch,
wenn aus Angst Wut wurde.

Sie gaben mir ihre Angst mit,
um sie nicht mehr selbst zu spüren.

Nun sagen sie, ich sehe Gespenster,
wenn ich eine Gefahr spüre.
Nun belächeln sie mich, wenn ich mich
fürchte, sogar vor mich liebendem.
Nun sagen sie, ich hätte halt besser
auf sie hören sollen.
Nun fühlen sie sich beleidigt,
wenn aus Angst Wut wird.
Nun sagen sie, ich solle mich
zusammenreißen und vernünftig sein.

Sie haben mich alleine gelassen mit *ihrer* Angst.

● ● ●

Anonymität

Nur wen ich nicht kenne,
den kann ich hungern
lassen.

Nur wen ich nicht kenne,
dem kann ich die
Arbeit wegnehmen.

Nur wen ich nicht kenne,
den kann ich im
Elend leben lassen.

Anonymität tötet
Menschlichkeit.

Gleichheit

Die Menschen
sollte nicht
gleich behandelt,
sondern gleich
berechtigt
sein.

Das erstere macht sie
gleich und verbogen,
das letztere glücklich
da individuell.

Leidenschaft

Eine Arbeit ganz

ohne Leidenschaft

ist ein Vorgang der

Leiden schafft.

Steinbruch des Lebens

Es ist mühsam und kraftraubend,
im Steinbruch des Lebens nicht
nur Steine anzuhäufen, sondern
diese auch einen nach dem anderen
aufzuklopfen, und darin nach etwas
versteinertem/eingeschlossenen zu
suchen, was einem mehr Auskunft
über seine Herkunft gibt.

• • •

Verkehrte Nächstenliebe

Liebe Deinen Nächsten
wie Dich selbst.

Dagegen habe ich mein
Leben lang verstoßen.

Ich habe es missachtet.

Ich habe es ignoriert.

Und ich habe aber so getan,
als befolgte ich das Gebot.

Ich hatte mich nie so
geliebt wie meinen Nächsten.

• • •

Scharfer Verstand

Der messerscharfe Verstand
wird ständig weiter geschärft.

Die weiche und zarte Seele
schneidet sich in ihren lebendigen
Bewegungen an seinen Klingen.

Um diesen Schmerzen zu entgehen,
duckt sie sich und macht sich immer
kleiner, bis sie letztlich am Boden
liegt und verkümmert.

So gewinnt dann das
'ich weiß was richtig ist' gegen
das 'ich fühle was richtig ist'.

• • •

Pflichtgefühle

Aus Achtsamkeit wird Klarheit,
aus Klarheit wird Verantwortung,
aus Verantwortung wird Schuldgefühl,
aus Schuldgefühl wird Handlung,
aus Handlung wird Gewohnheit,
aus Gewohnheit wird Erwartung,
aus Erwartung wird Anspruch,
aus Anspruch wird Pflicht,
und die Pflicht frisst Kraft
und Achtsamkeit...

Komische Vögel

Es war einmal ein Bussard-Weibchen, das unterwegs ein Ei legen musste. Weil kein anderes weiches Plätzchen verfügbar war, legte sie es in ein Nest voller Eier am Rande des Sees, über den sie gerade flog. Danach packte sie das gelegte Ei in ein großes Seerosenblatt und nahm es mit in ihr eigenes Nest. Sie war froh, dass alles gut ausging und vergaß den Vorfall schnell.

Später gab es ein kleines 'Entchen', das nicht richtig schwimmen konnte und das das Fressen von Seegras nie richtig satt machte.

Und es gab einen kleinen 'Bussard', der voller Höhenangst in seinem Nest hoch oben im Baum saß und den die Fleischrationen seiner 'Mama' regelrecht ekelten...

• • •

Niedergeschlagen

Wenn sich das

lebendige Innenleben

im Außen nicht

spiegeln kann,

dann schlägt sich die

äußere Leblosigkeit

auf das Innenleben nieder.

Gebrochen

Nur starke Persönlichkeiten
und deren Seelen brechen,
wenn sie verbogen, begrenzt oder
nicht artgerecht belastet werden.

Die weichen und schwachen halten
das durch Anpassung gut aus.

Papageien

Papageien können
sprechen lernen,

sie sagen aber nichts,
sie verstehen davon nichts,
sie plappern einfach nach.

Wie viele Menschen sind
in Wahrheit Papageien?

Entwicklung

Bewegung,
Wachstum
und
Entwicklung

sieht man
vielerorts
nur noch
auf das
Bankkonto
bezogen.

Kleingeister

Die geistig Kleinen machen das, was sie
können zum Nonplusultra, und werten
dann über die, die das nicht können.
So müssen sie sich nicht als
klein zeigen oder verändern.

Das einmal gewählte haben sie aus
Angst vor Verlust oder Veränderung
immer nur wiederholt oder gesteigert.
Nicht mehr darüber nachgedacht.

Mit Intelligenz hat das alles
übrigens nichts zu tun.

Verlust

Bezahlt wird nur,
was messbar ist.

Wie unermesslich
viel geht dabei
wohl verloren?

• • •

Erwartungen

Einige zeichnen sich dadurch aus, dass
sie nicht von den Erwartungen an andere
Menschen abrücken.

Sie warten beim Erwarten eine Zeit lang,
und wenn das Erwartete
dann nicht eintritt,
treten sie um sich.

Bis der einst Erwartete getreten und voller
Schmerzen wieder gehen muss.

Dorthin wo ein anderer auf ihn wartet,
mit oder ohne Erwartungen.

Persönlichkeit

Persönlichkeit sollte nicht
etwa das Produkt aus
Erwartungen und Bewertungen,
sondern besser die Summe aus
Interessen und Leidenschaften sein.

Lebenskuchen

Immer wenn sie vom
Lebenskuchen
ihrer Wahl
nehmen wollte,

wurde ihr auf die Hand
gehauen und sie auf
das ihr zugedachte
Kuchenstück verwiesen.

Luftmatratze

Menschen haben
Gemütern wie Luftmatratzen.

Wenn das Leben darauf lastet,
verlieren sie an Luft.

Und wenn die Last nicht
nachlässt, schwindet die
Luft zum Leben bald ganz.

• • •

Trotziger Erfolg

Sie führen Erfolge auf sich und ihre
Handlungen zurück, und übersehen, dass
er nicht *wegen* sondern *trotz* ihnen kam.

Sie kämpfen und bekämpfen,
um diesen Erfolg auszubauen und
dafür dann beachtet zu werden.

Immer wenn der Erfolg in Gefahr ist,
(be-)kämpfen sie noch mehr statt die
anderen auch zu (be-)achten.

All des Lebens

Im All des Lebens
kommt es vor,
dass schwer(-)Kraft
zu tanken ist,
schwer(-)Mut
zu fassen ist...

Das offene Mehr

Meine Sehnsucht nach dem

offenen Mehr

der Eindrücke und Erfahrungen
ist größer als die nach dem

weiten Meer

an Geld und Besitz.

Blind-stumme Seele

„Je blinder die Mitmenschen

für meine Probleme wurden,

umso stummer wurde

ich darüber."

sagte die Seele neulich.

Probezeit

Bis sie das erste Mal wirklich durch
Unverständnis auf die Probe
gestellt wurden, kann man
Freundschaft und Partnerschaft
als Beziehungen auf Probe ansehen.

Entwicklungsraum

Entwicklung bedeutet
etwas aufzugeben,
um etwas Neues zu
gewinnen/ermöglichen.

● ● ●

Komische Sache

Viele Menschen wundern sich,

dass sich nichts ändert,

obwohl sie doch alles

beim Alten lassen.

Antworten

Wenn du keine offenen Fragen
mehr an dein Leben hast, *dann*
kannst du mich fragen, ob ich
deine Antworten für mein
Leben nutzen will…

• • •

Sinn

Ein gutes Leben braucht
vor allem eines: Sinn.

Ihn finden, erleben und
teilen zu dürfen,
ist Erfüllung und
Lebensaufgabe zugleich.

Ihn sich abkaufen zu lassen,
geht nicht lange gut,
ihn zu kaufen, geht gar nicht.

Die zwei Arme des Lebens

Der Arm der Sehnsucht zieht Dich zu mir,
der Arm der Angst lässt das (nicht
erwünschte) Bestehende nicht los.

Je mehr und stärker der Arm der Angst
benutzt wird, umso mehr wird er trainiert
und umso kräftiger wird er. Bis er so viel
stärker als der Arm der Sehnsucht ist,
dass dieser loslässt, weil er es
nicht mehr halten kann.

Und während dieses Herumziehens
des Arms der Angst und des Arms der
Sehnsucht wird der Körper dazwischen
immer mehr geschwächt, bis er keine
Reserven mehr hat.

• • •

Paradoxes

Wer ohne Zuversicht in
die Vergangenheit gucken muss,
hat oft auch keine gute
Erinnerung an die Zukunft.

Wem etwas fehlt, der kann es
manchmal selbst nicht annehmen.
Was dagegen zu viel ist,
kann oft nicht abgelegt werden.

Raum für eigene Gedanken

Raum für eigene Gefühle